CONCEPTUL DE STRATEGIE A OCEANULUI ALBASTRU

Atingeți succesul prin inovație și faceți concurența irelevantă

50MINUTES.com

CONCEPTUL DE STRATEGIE A OCEANULUI ALBASTRU

Atingeți succesul prin inovație și faceți concurența irelevantă

scris de Pierre Pichère
tradus de Alina Dobre

CONCEPTUL DE STRATEGIE A OCEANULUI ALBASTRU   4

Informaţii cheie   4

Introducere   5

TEORIA DIN SPATELE CONCEPTULUI   8

Oceane roşii vs. oceane albastre   8

Schimbarea oceanelor cu ajutorul inovaţiei
în materie de valoare   9

Reevaluare completă   10

Excluderea, întărirea, reducerea şi crearea   11

LIMITE ŞI EXTINDERI ALE MODELULUI   14

Strategia oceanului albastru: un ghid mai degrabă decât o
metodă revoluţionară?   14

Inovarea, de la economie la afaceri: modele conexe   17

APLICAŢIE   19

Sfaturi şi bune practici   19

Studiu de caz: Wii, oceanul albastru al Nintendo   24

REZUMAT   30

LECTURI SUPLIMENTARE   32

Bibliografie   32

CONCEPTUL DE STRATEGIE A OCEANULUI ALBASTRU

INFORMAȚII CHEIE

- **Numele:** Strategia Oceanului Albastru.

- **Utilizări:** Afaceri, marketing și inovare.

- **De ce are succes? Pentru** că îndepărtează afacerea de concurență, garantează performanța și poate fi adaptat la orice sector.

- **Cuvinte cheie: Oceanul** albastru, oceanul roșu, strategie, inovare, crearea de noi spații strategice, concurență, afaceri.

  - W. Chan Kim (născut în 1952) este membru al Forumului Economic Mondial de la Davos și este considerat de Harvard Business Review drept unul dintre cei mai influenți gânditori din domeniul managementului și al afacerilor. Este co-director al Blue Ocean Strategy Institute de la INSEAD (Institutul European de Administrare a Afacerilor) împreună cu Renée Mauborgne, unde lucrează, de asemenea, ca profesor.

  - Renée Mauborgne (născută în 1963) este un renumit profesor de strategie și co-director al Blue Ocean Strategy Institute. În 2013, a fost desemnată unul dintre cei mai buni cinci profesori din cadrul programelor de MBA și a primit, un an mai târziu, Premiul Carl S. Sloane pentru excelență, acordat de Asociația firmelor de consultanță în management pentru excelență în cercetare.

INTRODUCERE

În mediul de afaceri internațional de astăzi, care evoluează rapid, creativitatea devine cheia performanței pe termen lung. Nevoia de noi perspective în politicile de inovare ale companiilor conduce la idei revoluționare. Strategia oceanului albastru ilustrează perfect acest lucru.

Istorie

Această strategie, prezentată în 2005 de W. Chan Kim și Renée Mauborgne în cartea lor *Blue Ocean Strategy: How to Create Uncontested Market Space and Make the Competition Irrelevant* (tradusă în 43 de limbi diferite și vândută în 3,5 milioane de exemplare în întreaga lume), dă peste cap fundamentele teoretice ale inovării strategice în afaceri. Ea încurajează toți actorii economici să facă același lucru – cu inovații creative numite "disruptive" – investind în tehnologie, cucerind noi piețe sau chiar colaborând cu alți actori socio-economici.

Această strategie provine dintr-o serie de studii și este în concordanță cu o serie de alte cercetări, în special cele ale arhitectului Clayton Christensen (născut în 1952) și ale lui Michael Raynor (născut în 1967), director general la Deloitte Services LP. Acesta sugerează o serie de instrumente pentru a crea un proces sistematic de inovare.

În 2007, în campusul Fontainebleu al INSEAD, a fost deschis Institutul de Strategie a Oceanului Albastru, pentru a examina conceptul mai în profunzime. Datorită cărții lor, cei doi autori au primit nenumărate premii și au dobândit recunoaștere internațională atât în sfera afacerilor, cât și în lumea marketingului.

Definirea modelului

Modelul Oceanului Albastru redefinește modul clasic de reprezentare a strategiilor de dezvoltare. Igor Ansoff (1918-2002), în una dintre primele publicații care se ocupă de strategia de afaceri, *Corporate Strategy* (1965), și Michael E. Porter (născut în 1947), cu modelul celor cinci forțe pentru concurență și lanțurile valorice, fac și ei parte din această regândire a strategiei de afaceri. Modelele lor sunt utilizate și astăzi în numeroase sectoare.

Kim și Mauborgne identifică două tipuri de piețe pe care operează actorii economici:

• Piețele denumite **"oceane roșii"** reprezintă piețe saturate. Oportunitățile de creștere sunt rare, deoarece sunt implicate foarte multe părți interesate, care se luptă cu înverșunare pentru a-și mări cota de piață. Culoarea roșie se referă la concurență, dar și la furnizori, clienți și consilieri de achiziții care doresc să își maximizeze propriile marje și cote de piață sau alte măsuri de rentabilitate (uneori cu preţul externalizării, al fuziunilor, al falimentului etc.).

- Pieţele denumite **"oceane albastre"** reprezintă noi domenii în care întreprinderile se pot dezvolta singure, cu foarte puţină (sau deloc) concurenţă, datorită inovaţiei radicale. Acest concept schimbă structura pieţei prin crearea unei cantităţi infinite (sau a unui "ocean") de cerere nouă. Autorii numesc acest lucru "inovare valorică" sau, în sens mai larg, "inovare utilă".

Distingându-se în mod clar de abordările clasice axate pe diferenţiere prin calitate, pe poziţia de lider în materie de costuri sau pe concentrare, strategia "oceanului albastru" încurajează întreprinderile să se elibereze de parametrii existenţi în ceea ce priveşte cererea şi oferta şi să exploreze alte medii în care pot adăuga o nouă valoare, asigurându-şi astfel o poziţie de lider.

TEORIA DIN SPATELE CONCEPTULUI

Prin diferenţierea între oceanele roşii şi oceanele albastre, Kim şi Mauborgne propun o analiză care reuneşte strategia, marketingul şi inovarea.

OCEANE ROŞII VS. OCEANE ALBASTRE

Cu origini în marketing, analiza ciclului de viaţă al unui produs este o metodă clasică: după lansare urmează creşterea, urmată de maturitate şi apoi de declin. Acest raţionament ia în considerare volumul vânzărilor şi durata de viaţă a produsului (cu cât viteza de inovare este mai mare, cu atât ciclul de viaţă al produsului este mai scurt).

Dar cum rămâne cu rentabilitatea actuală şi potenţială? Aceasta depinde de concurenţă, care determină preţurile, dar şi de capacitatea companiei de a-şi gestiona propriile preţuri de cost şi de a dezvolta strategii de penetrare, asigurând o acoperire puternică a pieţei. Un produs aflat încă în "faza de creştere" este adesea comercializat de numeroşi vânzători. Acesta este momentul în care începe cursa pentru reducerea preţurilor. Acesta este exact ceea ce Kim şi Mauborgne numesc "oceanul roşu" – un spaţiu strategic cunoscut în care părţile interesate acceptă parametrii şi concurează acerb între ele. Este deja clar că o simplă aplicare a acestei tipologii conduce la alegeri strategice privind gama de produse și echilibrul financiar în ceea ce privește rentabilitatea și creșterea pe termen scurt, mediu și lung.

În contextul economic modern, există un număr din ce în ce mai mare de oceane roșii, deoarece majoritatea produselor sunt poziționate pe piețe mature. În plus, deschiderea internațională a aproape tuturor piețelor încurajează un număr tot mai mare de actori, ceea ce implică o anumită concurență, care este cu greu compensată de apariția unor noi sectoare economice cauzate de progresul tehnologic. Kim și Mauborgne subliniază că teoria tradițională a afacerilor ajută factorii de decizie să supraviețuiască într-un ocean roșu: concentrarea pe activitatea principală, externalizarea pentru a reduce prețurile de cost etc.

Strategia oceanului albastru încurajează părțile interesate să renunțe la oceanele roșii, care nu creează suficientă valoare, pentru a se îndrepta către oceanele albastre. În aceste noi spații strategice, fiecare afacere se poate dezvolta singură și, cel puțin pentru o perioadă, nu va fi constrânsă de o concurență excesivă și de războaiele prețurilor.

SCHIMBAREA OCEANELOR CU AJUTORUL INOVAȚIEI ÎN MATERIE DE VALOARE

Cheia pentru a trece de la un ocean roșu la un ocean albastru este inovația. Cu toate acestea, inovarea bazată exclusiv pe tehnologie nu este suficientă. Kim și

Mauborgne numesc procesul de divizare radicală care duce la un ocean albastru "inovare valorică". Acest concept funcționează atât pentru întreprinderile în căutare de performanță economică, cât și pentru clienții care trebuie satisfăcuți.

Desigur, inovația descrisă de cei doi autori necesită participarea actorilor economici, diferențiindu-se astfel de abordarea neoclasică tradițională, care consideră inovația ca fiind externă. Este un pas voluntar făcut de întreprindere, care va trebui să-și reevalueze întreaga abordare pentru ca tranziția să fie un succes. Din acest punct de vedere, ea este condusă chiar de actorii economici. Această abordare a inovării datează de la Jean-Baptiste Say (jurnalist și economist, 1767-1832) și continuă și astăzi prin intermediul unor economiști cu idei foarte diferite, precum Karl Marx (1818-1883) și Joseph Schumpeter (1883-1950).

Denumirea de "inovare valorică" reflectă scopul oceanului albastru: crearea unei valori mai mari, atât pentru consumatori, care vor atrage la rândul lor noi clienți, cât și pentru întreprinderi, unde structurile de prețuri vor fi redefinite pe scară largă, cu scopul de a schimba parametrii pieței.

REEVALUARE COMPLETĂ

Elaborarea unei strategii de ocean albastru necesită o reexaminare a tuturor premiselor de bază ale unei anumite piețe, pe care studiile de piață le descriu prin analiza structurii existente.

- Dacă un produs este cumpărat în principal de bărbați, cum poate fi făcut atractiv pentru femei?

- În cazul în care este distribuit exclusiv prin intermediul unor terți, este posibil să se adreseze direct clientului final?

- Dacă este folosit doar de experți, există vreo modalitate de a-l populariza?

Prin urmare, inovarea nu înseamnă o creștere a prețurilor, ceea ce se întâmplă adesea în cazul inovațiilor bazate pe tehnologie. Repoziționarea unui produs pe piață prin lărgirea audienței sale poate duce la o creștere substanțială a numărului de unități vândute, ceea ce duce la scăderea prețului prin împărțirea costurilor fixe. În plus, regândirea utilizărilor unui produs poate permite eliminarea unor opțiuni sau caracteristici considerate anterior esențiale, reducând astfel prețul final. Cu toate acestea, strategia "oceanului albastru" nu duce automat la o reducere a prețurilor, chiar dacă acest lucru se întâmplă adesea. Ca exemplu, gândiți-vă la modul în care PC-urile au înlocuit mainframe-urile din trecut sau la modul în care smartphone-urile noastre înlocuiesc din ce în ce mai mult telefoanele fixe.

EXCLUDEREA, ÎNTĂRIREA, REDUCEREA ȘI CREAREA

Strategia oceanului albastru implică "mutarea cursorului". Odată ce au fost definiți parametrii pieței companiei, este necesar să se determine ce trebuie consolidat, ce trebuie redus, ce trebuie exclus și, în final, ce trebuie creat (deși acest ultim factor nu a fost inclus inițial în listă).

Această abordare poate fi ilustrată cu un exemplu din industria automobilelor. În 1998, Louis Schweitzer, pe atunci proprietar al Renault, a anunțat o inovație radicală pentru piața auto: o mașină low-cost. Această inițiativă a dus la crearea modelului Logan. Destinat inițial piețelor din Europa de Est, vehiculul a avut succes și în Franța, care a devenit prima țară care a importat Logan, fabricat în fabricile Automobile Dacia din România.

Acest succes a venit în urma unei strategii de redefinire a modelului. În general, industria automobilelor a implicat o cursă către "cel mai bun": vehicule mai mari, mai mult confort, mai multă siguranța, mai multe caracteristici și, prin urmare, prețuri mai mari. Prin optimizarea sinergiilor dintre diferitele vehicule din fabricile Automobile Dacia, achiziționate în 1999, și prin îndepărtarea de ideea de vehicul de lux, Renault a descoperit secretul succesului. Logan a fost comercializat la un preț de 4500 de euro în economiile emergente și de 7500 de euro în Franța, unde consumatorii doreau cât mai puține opțiuni posibile.

Cu toate acestea, costul redus nu înseamnă calitate. Deși nu are o planșă de bord din nuiele, Loganul este extrem de robust, deoarece se adresează unor piețe unde condițiile de drum sunt adesea departe de a fi ideale sau unde întreținerea vehiculelor este mult mai puțin dezvoltată decât în țările occidentale.

De asemenea, Renault s-a desprins de trecut prin faptul că nu și-a limitat mașinile mai puțin costisitoare la modele mici de oraș (cum ar fi Twingo din anii 1990 sau Smart). Cu Logan, Renault a oferit o mașină de familie cu mult spațiu interior și un portbagaj mare.

Prin redefinirea strategiei sale, Renault a atras mai mulți clienți decât se aștepta: pe lângă faptul că a atins piața țintă din economiile emergente, Logan a atras și consumatorii francezi care, din cauza bugetelor lor limitate, ar fi trebuit să cumpere mașini la mâna a doua. Mașina low-cost a captat partea de piață care nu se concentrează în mod deosebit pe aspectul vehiculului, dar care caută mai ales un bun echilibru între calitate și preț.

LIMITE ȘI EXTINDERI ALE MODELULUI

Rigurozitatea științifică a strategiei "oceanului albastru" pare îndoielnică în anumite puncte, iar unii consideră că ar fi mai bine să o privim ca pe o modalitate atractivă de a pune în perspectivă succesele anumitor companii. În plus, există un număr practic infinit de alte teorii care vizează înțelegerea strategiilor companiilor de succes, cum ar fi celebra carte a lui Thomas J. Peters din 1982, *In Search of Excellence.*

STRATEGIA OCEANULUI ALBASTRU: UN GHID MAI DEGRABĂ DECÂT O METODĂ REVOLUȚIONARĂ?

Strategia Oceanului Albastru nu este lipsită de critici. Deși oferă un număr mare de exemple luate din toate sectoarele economiei, ceea ce facilitează lectura, unii consideră că această gamă largă de referințe este un indiciu al slăbiciunii relative a teoriei. Alții subliniază, de asemenea, abordarea deductivă utilizată de Kim și Mauborgne care, potrivit acestei critici, au luat ca punct de plecare o serie de succese spectaculoase și apoi au căutat o idee generală care să le cuprindă pe toate. În această interpretare, strategia oceanului albastru este o lectură retrospectivă mai degrabă decât o metodă inovatoare și eficientă pentru dezvoltarea unei abordări creative a pieței, deși autorii recomandă pași pentru a trece de la oceanul roșu la oceanul albastru. În acest fel, orice succes în afaceri ar putea fi interpretat ca fiind aplicarea, conștientă sau nu, a strategiei oceanului albastru. Exemplele extrase din istoria afacerilor, de la Henry Ford (producător american, 1863-1947) la Guy Laliberté (fondatorul Cirque du Soleil, născut în 1959), par să conducă la această concluzie, întrucât oamenii au practicat această metodă în trecut fără să știe acest lucru.

Din punct de vedere al științelor sociale, există o lipsă de coeziune între exemple, ceea ce face ca comparațiile făcute în carte să fie discutabile din punct de vedere științific. Au fost similare punctele de plecare pentru fiecare dintre diferitele întreprinderi folosite ca exemple? În plus, situația inițială de ocean roșu nu este descrisă în carte, deoarece nu există un număr relativ sau absolut de jucători pe o piață sau criterii în ceea ce privește concurența care să indice faptul că o întreprindere intră într-un ocean roșu. De asemenea, oceanul albastru este cu greu mai ușor de măsurat, ceea ce poate avea consecințe dezastruoase dacă o întreprindere pășește în necunoscut, optând pentru inovație fără a ști dacă aceasta va fi acceptată și susținută de clienți.

Inovarea în materie de valoare, care se află în centrul strategiei recomandate de autori, este insuficient definită, ceea ce face mai dificilă afirmarea sa ca nou concept. Exemplele în sine demonstrează această slăbiciune. Ele provin din domenii diferite: marketing, ambalare și publicitate, organizare comercială, inovare tehnologică și științifică. Prin urmare, inovarea în materie de valoare ar putea fi rezumată la o combinație de valoare adăugată pentru întreprindere și prețuri mai mici pentru clienți. Cu toate acestea, întrebarea dacă aceasta este rezultatul unei inovații tehnologice sau al unei mai bune poziționări pe piață rămâne fără răspuns. Impactul inovării în materie de valoare pare neclar, deoarece acest concept ar putea acoperi o revoluție la nivel de produs, precum și adoptarea unei comunicări mai eficiente cu consumatorii.

De asemenea, unii critici au rezerve cu privire la metoda în sine. Potrivit acestei linii de gândire, prin faptul că se bazează pe o interpretare detaliată a curbei valorii, strategia "oceanului albastru" nu permite inovații revoluționare, ci conduce doar la inovații incrementale, adică la îmbunătățirea produselor sau proceselor existente. Într-adevăr, abordarea lui Kim și Mauborgne se bazează pe utilizarea a ceea ce există deja pentru a imagina ceva nou, în timp ce inovarea radicală poate avea loc numai dacă întreprinderile se îndepărtează complet de situația actuală. După cum vom vedea mai târziu, cei doi autori se inspiră foarte mult din clienții existenți și potențiali ai întreprinderilor pentru a concepe noua ofertă. Cu toate acestea, unele inovații, în special cele mai radicale, sunt întâmpinate cu scepticism. Într-adevăr, inovația nu primește întotdeauna aprobarea imediată din partea publicului. În critica sa la adresa strategiei "oceanului albastru", consultantul în inovare Benoît Sarazin (specialist în "marketingul incertitudinii") subliniază că Nestlé a avut nevoie de 15 ani pentru ca Nespresso să se impună, iar Guy Laliberté nu a avut un succes imediat cu Cirque du Soleil. Prin urmare, metoda nu este o rețetă infailibilă pentru succes.

INOVAREA, DE LA ECONOMIE LA AFACERI: MODELE CONEXE

Deși intenționează să perfecționeze teoria inovației, Kim și Mauborgne merg, fără îndoială, pe urmele lui Joseph Schumpeter (1883-1950), gânditorul care a stat la baza conceptului de distrugere creatoare. Acest economist a abordat toate aspectele inovației, atât în ceea ce privește organizarea întreprinderilor pentru muncă și producție, cât și în ceea ce privește oportunitățile de piață pentru produse. În mod similar, strategia "oceanului albastru" duce la distrugerea (sau cel puțin la reducerea) piețelor vechi, mature, în favoarea unor piețe nou create. În plus față de teoria ciclului de viață al produsului deja menționată, putem analiza și riscul de canibalizare. Ca parte a unei strategii de marketing pentru gestionarea unei game de produse, aceasta poate provoca o reducere a vânzărilor sau a cotei de piață a produselor existente, indiferent de sectorul de activitate: prin urmare, este esențial să se evalueze dacă profitul generat de noul produs va fi mai mare decât pierderile potențiale ale produselor existente. Întreprinderea se află, în esență, în concurență cu ea însăși. Cu toate acestea, această canibalizare se poate dovedi a fi o strategie bună în cazul unei extinderi a mărcii (de exemplu, Marlboro), deoarece permite întreprinderii să intre pe o nouă piață și să profite de pe urma acesteia. În acest scenariu, putem întrevedea visul oceanului albastru.

Oceanul roșu și oceanul albastru amintesc de conceptele de inovare tradițională și disruptivă prezentate de Michael E. Raynor și Clayton M. Christensen în prima lor carte, *The Innovator's Dilemma: When New Technologies Cause Great Firms to Fail* (1997). Potrivit acestora, inovarea tradițională îmbunătățește produsele existente, în timp ce inovarea disruptivă elimină concurența prin crearea unei noi piețe. Această abordare se potrivește bine cu cea a strategiei oceanului albastru. Inovarea tradițională corespunde eforturilor depuse de actorii economici pentru a supraviețui într-un ocean roșu, în timp ce inovarea disruptivă seamănă cu consecințele pozitive pentru întreprinderile care au ajuns în oceanul albastru.

APLICAȚIE

Strategia "oceanului albastru" este o metodă strategică care implică mai multe etape.

SFATURI ȘI BUNE PRACTICI

Șase întrebări pentru a ne îndrepta spre un ocean albastru

Kim și Mauborgne identifică șase întrebări centrale legate de crearea unei strategii pentru un ocean albastru.

- **Ce alternative există pe piață?** Acest lucru implică adoptarea punctului de vedere al clientului pentru a determina opțiunile disponibile. Două produse diferite, pe care producătorii lor le pot considera complet independente, se pot afla în concurență datorită intențiilor de cumpărare ale clientului. De exemplu, vacanțele și lucrările la casă sunt cheltuieli aparent fără legătură între ele, dar care se influențează reciproc: în anul în care o familie renovează o cameră din casă, este aproape sigur că va cheltui mai puțin pentru o vacanță de vară.

- **Care sunt interesele grupurilor strategice implicate?** Aceasta este o chestiune de prioritizare a preocupărilor fundamentale ale diferitelor grupuri strategice implicate. În general, acestea sunt în număr de două: prețul și performanța.

- **Cum este alcătuit lanțul de cumpărători și utilizatori?** Unele întreprinderi vând direct utilizatorilor, în timp ce altele vând prin intermediul unor terțe părți. Ruperea acestui lanț ar putea fi calea de a ajunge la un ocean albastru. Este ceea ce a făcut Nespresso prin înființarea propriei linii de magazine de lux, în loc să își vândă dozele de cafea prin intermediul rețelelor tradiționale (marii retaileri de produse alimentare).

- **Care sunt produsele și serviciile complementare?** Această întrebare este importantă, deoarece permite întreprinderilor să pună în aplicare cu succes secvențierea strategică, prin vizualizarea secvenței ca întreg. Succesul companiei Apple la începutul anilor 2000 s-a datorat recunoașterii faptului că conținutul (în special descărcările digitale) a fost o ofertă vitală alături de produsele sale (iPod etc.).

- **Care este conținutul funcțional sau emoțional al sectorului?** Adăugarea de valoare sau, dimpotrivă, golirea unui produs de greutatea sa simbolică excesivă, face parte din căutarea unui ocean albastru. Nespresso, care a reușit să facă să pară luxoase capsulele sale de cafea, este un exemplu cheie în acest sens.

- **Care sunt principalele tendințe care determină comportamentul consumatorilor?** Protecția mediului și căutarea împlinirii personale sunt tendințe majore în societățile contemporane, ceea ce le face o sursă de inspirație esențială pentru a imagina produse și servicii pentru oceanul albastru.

Stimulare și creativitate: o cale în 4 pași

Kim și Mauborgne au prezentat apoi o metodă de aplicare a strategiei oceanului albastru în cadrul unei întreprinderi. Aceștia identifică patru etape cheie:

- **Trezirea vizuală** implică proiectarea curbei valorii. Pentru fiecare criteriu care alcătuiește oferta, compania își trasează punctele slabe și punctele tari în raport cu concurența. Această primă etapă servește, în principal, la crearea unui consens în rândul echipelor din cadrul întreprinderii, prin utilizarea reprezentării pentru a sublinia necesitatea unei schimbări care să ducă la crearea de valoare. De asemenea, aceasta poziționează întreprinderea în raport cu concurenții săi. Este diferențierea pronunțată sau inexistentă? Calea pe care o urmează cele două curbe va clarifica acest lucru.

- **Explorarea vizuală** presupune deplasarea pe teren pentru a evalua potențialul inovator care urmează să fie dezvoltat. O companie nu poate avea un impact pe o piață dacă nu-și cunoaște consumatorii. Consultarea regulată a clienților este esențială, dar nu este suficientă. Clientul nu este neapărat utilizatorul produsului. Întrucât strategia "oceanului albastru" urmărește să lărgească baza de clienți existentă, merită, de asemenea, să discutați cu clienți neafiliați pentru a le cunoaște obiceiurile și așteptările.

- **Târgurile de strategie vizuală**, organizate între membrii companiei și participanții externi (clienți, clienți-țintă, parteneri etc.), permit evaluarea relevanței criteriilor ofertei. Obiectivul este de a construi o strategie bazată pe alte elemente decât intuiţia şi de a depăşi obstacolele interne, cum ar fi rezistenţa la schimbare.

- **Comunicarea vizuală are loc** odată ce strategia a fost definită. Întreaga echipă ar trebui să fie inclusă în revoluţia companiei. În acelaşi mod în care înţelegerea limitelor existente a fost făcută vizual prin curba valorii, această fază necesită, de asemenea, o diagramă. Aceasta va facilita vizualizarea noilor obiective şi va face ca toată lumea, indiferent de nivelul lor ierarhic, să se implice în strategia "oceanului albastru".

Produse de pionierat, migratoare și de colonizare

Printre instrumentele propuse de Kim şi Mauborgne, o analiză a produselor companiei s-a dovedit a fi utilă pentru elaborarea strategiei. Autorii sugerează că produsele pot fi clasificate în trei categorii:

- **Coloniştii** sunt produsele care respectă normele industriei. Aceste produse sau servicii sunt conforme cu cea mai actuală curbă a valorii, iar perspectivele lor viitoare sunt foarte limitate pe pieţele noastre în evoluţie rapidă. Acestea aparţin oceanului roșu.

- **Pionierii** sunt produsele care creează o valoare fără precedent. În anii următori se aşteaptă un consum de masă şi o creştere puternică. Aceştia întruchipează oceanul albastru.

- **Migranţii se** situează între cele două categorii ante-
rioare. Deşi adaugă valoare pentru client şi pentru
companie, nu sunt suficient de inovatori pentru a
rămâne permanent în oceanul albastru.

Atingerea de noi clienţi

Atragerea de noi clienţi se află în centrul strategiei
"oceanului albastru". Pentru a supravieţui într-un ocean
roşu, întreprinderile sunt nevoite să reducă cota de
piaţă a concurenţilor. Cu toate acestea, deşi clienţii trec
de la o companie la alta, dimensiunea pieţei rămâne
neschimbată. Dimpotrivă, strategia oceanului albastru
urmăreşte extinderea pieţei prin extinderea graniţelor
acesteia, datorită includerii clienţilor din categorii care,
până acum, nu cumpărau acest tip de produs sau nu
foloseau acest tip de serviciu.

Există trei tipuri diferite de non-clienţi:

- **Neclienţii „în curând"** cumpără ocazional bunurile
sau serviciile oferite de companie, dar aşteaptă o
ofertă mai bună. Cu cât sunt mai mulţi, cu atât mai
fragilă este piaţa. În acest fel, lanţul alimentar brita-
nic Prêt à Manger atrage o bază de clienţi profesio-
nişti care, înainte, mergeau la restaurantele
tradiţionale, deoarece nu exista nimic mai bun la
dispoziţie.

- **Non-clienţii "refuzători"**, cunoscuţi şi sub numele
de "non-clienţi dispreţuitori" (Kotler şi Keller, 2006),
nu utilizează niciodată produsele sau serviciile de pe
piaţa studiată, poate pentru că se opun acestora sau

pentru că nu și le pot permite. De exemplu, persoanele care locuiesc în centrele orașelor nu sunt deschise la vehiculele de tip 4x4, deoarece acestea au reputația de a fi foarte poluante și greu de parcat în orașe.

- **Non-clienții "neexplorați"** nu sunt interesați imediat de această piață, deoarece factorii de decizie nu s-au sinchisit niciodată să îi vizeze. Cu toate acestea, ei ar putea fi clienți potențiali.

STUDIU DE CAZ: WII, OCEANUL ALBASTRU AL NINTENDO

În 2006, Nintendo a lansat Wii. Această consolă de jocuri a cunoscut o creștere rapidă care a generat profituri substanțiale pentru companie timp de mai mulți ani. În timp ce vânzările consolei au fost foarte bune, succesul a fost cel mai evident în ceea ce privește jocurile video în sine. Wii Sports s-a vândut în peste 80 de milioane de exemplare, mult mai mult decât concurenții săi. Abordarea Nintendo poate fi descrisă ca o strategie de tip "ocean albastru", deoarece a adus schimbări majore în tehnologie și, de asemenea, a redefinit politicile de preț și limitele pieței.

Wii în conformitate cu cele șase întrebări ale strategiei oceanului albastru

- **Ce alternative există pe piață?** Mai degrabă decât să se poziționeze în raport cu concurenții săi de pe piața jocurilor video, Nintendo s-a interesat de activitățile de agrement ale populației. Într-adevăr, deoarece activitățile artistice și creative, precum și sănătatea și fitnessul au fost sectoare importante începând cu anii 2000, firma a decis să își creeze propria piață. Pentru a face acest lucru, a combinat expertiza sa în domeniul consolelor de jocuri cu dezvoltarea de noi utilizări: sport (jocul Wii Sports s-a vândut în peste 80 de milioane de exemplare), dans, menținerea în formă, muzică, etc. Toate aceste activități virtuale sunt posibile cu ajutorul tehnologiei Wii, care se bazează pe detectarea mișcărilor în locul joystick-ului tradițional.

- **Care sunt interesele grupurilor strategice implicate? Din punct de vedere al** prețului, Wii a fost poziționat sub principalii săi concurenți, care au fost nevoiți să se alinieze treptat. Această strategie a lărgit piața jocurilor video, vizând un public mai în vârstă și mai puțin captiv. Produsul, deși inovator din punct de vedere funcțional, este de o calitate inferioară în ceea ce privește anumite componente, în comparație cu concurenții săi, PS3 și Xbox. Această reducere a standardelor scade prețurile prin limitarea ușoară a posibilităților tehnologice, care sunt mai puțin importante pentru o consolă creată pentru toate vârstele, cu jocuri mai puțin axate pe viteză și rezoluție ridicată.

- **Cum este alcătuit lanțul de cumpărători și utilizatori?** Companie de jocuri video încă de la înființarea sa, la sfârșitul secolului al XIX-lea, Nintendo a ales să se adreseze direct utilizatorilor săi, fără a trece printr-o terță parte, pentru a vinde jocurile disponibile pentru

Wii. Acest tip de dezvoltare este posibil acum, când utilizarea internetului a devenit mult mai răspândită. În 2006, în același timp cu lansarea sistemului său revoluționar de jocuri, Nintendo a dezvoltat și magazinul Wii, care permite utilizatorilor să câștige puncte de fidelitate prin intermediul achizițiilor de jocuri.

- **Care sunt produsele și serviciile complementare?** Două produse complementare au contribuit la succesul Wii: accesoriile și jocurile. Wiimote, o telecomandă pentru Wii, comunică cu consola prin Bluetooth. Dotată cu un accelerometru, aceasta transmite mișcările jucătorului către consolă: sărituri, mișcări laterale, răsuciri etc. Ulterior, au apărut și alte accesorii, printre care un microfon și o tabletă de desen, permițând utilizatorilor să joace pe consolă jocuri de societate precum Pictionary, vizând astfel piața familială. Desigur, Nintendo a avut grijă să vândă cele mai populare produse Wii, precum Mario Bros. și Zelda. În cele din urmă, esențiale pentru succesul său, monitoarele de ritm cardiac și placa de echilibru Wii, care recunoaște mișcările picioarelor, pot transforma casa jucătorului într-o sală de gimnastică, folosind consola ca instructor. Acest lucru situează consola la jumătatea distanței dintre jocuri și fitness.

- **Care este conținutul funcțional sau emoțional al sectorului?** Jocurile video au un conținut atât tehnologic, cât și cultural. Evoluțiile observate de la primele modele de console din anii 1970 au fost enorme și foarte rapide. Este demn de remarcat faptul că Wii a

fost deja înlocuit de alte produse. Evoluția se asea-
mănă cu cea a computerelor, trecând de la unități
centrale mari la dispozitive portabile și tablete cu
ecran tactil. Cu toate acestea, jocul video are, de ase-
menea, rezonanță culturală: de exemplu, primele
jocuri, dintre care multe au fost produse de Nintendo,
au devenit puncte de referință pentru generația care
a crescut în anii 1980. Lumile lui Space Invader, Mario
Bros. sau Zelda fac parte integrantă din imaginarul
colectiv. Jocurile mai contemporane creează comuni-
tăți de jucători care fac schimb de informații și sta-
bilesc relații virtuale. Nintendo a reușit să mențină
această puternică dimensiune culturală prin jocurile
sale Wii, dar s-a îndepărtat de această cultură tehno-
logică pentru a-și lărgi oferta. În consecință, jucătorii
de 60 de ani nu se simt nostalgici și nu le este dor de
lumea lui Super Mario. Pentru a-i încuraja să cum-
pere o consolă de jocuri, este necesar să se ofere
perspective alternative și să se pună mai mult accent
pe funcționalitate decât pe tehnologie. Navigarea și
afișajul Wii au fost simplificate în mod considerabil,
ceea ce permite utilizatorului să se simtă în largul
său, indiferent de nivelul său de cunoștințe
tehnologice.

- **Care sunt principalele tendințe care determină
comportamentul consumatorilor?** În jocurile oferite
pentru Wii, Nintendo a reușit să surprindă principa-
lele tendințe din societățile occidentale. Îmbătrânirea
societății, care este mai pronunțată în Japonia decât
în alte părți, a inspirat dezvoltarea acestei console,
care este mai universală decât concurenții săi.

Programul de antrenare a creierului al doctorului Kawashima (născut în 1959) cunoaște, de asemenea, un succes considerabil, determinat de cererea din partea clienților mai în vârstă. Dezvoltarea personală și exprimarea de sine prin intermediul creativității și al corpului sunt ambele aspirații importante în societatea contemporană. Timp de mai mulți ani, Wii a reușit să profite de aceste tendințe, oferind un nou produs care aducea mai multă valoare pentru client – o consolă de jocuri care permite utilizatorilor să se mențină în formă fizică și mentală – cu costuri de producție reduse. În acest fel, Nintendo a reușit să genereze profit din Wii, și nu numai prin vânzarea de jocuri. Între timp, unii dintre concurenții săi au avut mai puțin succes și au fost nevoiți să își vândă consolele în pierdere și să recupereze decalajul prin produse și servicii conexe.

Wii și cele trei tipuri de non-clienți ai săi

Succesul Wii este rezultatul unei analize excelente a non-clienților, care a împins înapoi granițele pieței. Nintendo ar fi putut să se mulțumească să lupte pentru a obține și a menține un avantaj tehnologic sau de cost, ceea ce i-ar fi permis să își crească cota de piață. Cu toate acestea, acest avans ar fi fost probabil doar temporar, deoarece concurenții ar fi reacționat rapid. Prin urmare, Nintendo nu a luptat pentru "viitorii" neclienți, adică pentru cei care pot trece de la un furnizor la altul în funcție de produsele și serviciile pe care le oferă.

Nintendo a reușit să atragă clienții "refuzați", chiar dacă, la fel ca televiziunea de câțiva ani, jocurile video generează controverse. Acestea sunt acuzate că creează dependență în rândul tinerilor și că îi obișnuiesc cu violența extremă. Cu toate acestea, este dificil să adresezi această critică jocului Wii Sports, care le permite utilizatorilor să practice tenisul sau bowlingul în sufrageria lor. Acest joc s-a vândut în 80 de milioane de unități, devenind astfel cel mai cumpărat joc video din istorie, depășind chiar și Super Mario Bros. care, în comparație, s-a vândut în doar 40 de milioane de unități.

În cele din urmă, Nintendo a atras clienți "neexplorați", care nu exploraseră niciodată lumea jocurilor. Utilizatorii care nu sunt pasionați în mod deosebit de grafică sau de tehnologie, inclusiv adulții și persoanele în vârstă, au găsit în Wii ceva care să-i relaxeze și să-i distreze. Acest fenomen ar fi părut de neconceput cu câțiva ani mai devreme.

În 2012, Nintendo a încercat să repete performanța prin lansarea Wii U, care urma să ia locul Wii. Din păcate, se pare că mediul s-a dezvoltat mult în șase ani, în special prin utilizarea tabletelor cu ecran tactil și a smartphone-urilor. Accesul la jocuri este acum atât de larg răspândit încât tot mai puțini oameni folosesc consolele, care sunt acum apanajul unui public mai restrâns de entuziaști. Ce îi rezervă viitorul acestei companii inovatoare?

REZUMAT

- Strategia "oceanului albastru" este un nou model de gestionare a afacerilor orientat spre performanță.

- Într-o lume din ce în ce mai competitivă, companiile se epuizează încercând să obțină un avantaj față de concurenți, ceea ce a dus la un număr tot mai mare de falimente.

- Această strategie inovatoare, teoretizată de W. Chan Kim și Renée Mauborgne, profesori la INSEAD, descrie modul în care întreprinderile se pot elibera de concurența acerbă de pe piețele "oceanului roșu", găsind piețe "oceanului albastru", unde se pot dezvolta singure (pentru o vreme).

- Metafora oceanelor roșii (sectoare cu o concurență puternică) și a oceanelor albastre (piețe de nișă cu o concurență redusă) ne permite să descriem piața în ansamblu.

- Trecerea de la un ocean roșu la un ocean albastru se face prin inovare valorică, care crește valoarea de utilizare pentru client și, în același timp, îmbunătățește modelul economic al afacerii. Acest lucru poate duce, de asemenea, la o reducere a prețurilor de vânzare.

- Strategia "oceanului albastru" se bazează pe schimbarea parametrilor pieței, pe reexaminarea valorilor și convingerilor companiei și pe atragerea clienților care nu erau familiarizați cu această piață, prin schimbarea metodelor de poziționare și distribuție.

- În perioadele de incertitudine financiară și de preocupare majoră pentru reducerea costurilor, este important să se țină seama de riscurile financiare și tehnice legate de piață. Într-adevăr, este dificil pentru mintea umană să se îndepărteze de ceea ce există deja pentru a imagina ceva complet nou, și anume idei noi și radicale, pe care economiștii le numesc inovații disruptive. Prin urmare, este imposibil de prevăzut cum vor reacționa consumatorii.

- În cele din urmă, deși strategia "oceanului albastru" evidențiază importanța inovării și a creării de piețe, care sunt extrem de relevante în contextul actual, ea nu explică de ce atât de puține companii folosesc această abordare. Într-adevăr, majoritatea întreprinderilor se limitează la a-și optimiza serviciile și produsele existente.

LECTURI SUPLIMENTARE

BIBLIOGRAFIE

Cazals, F. (2009) Stratégie Océan bleu de la Wii. *Stratégies innovantes*. [Online]. [Accesat la 23 mai 2014]. Disponibil la Internet Archive: < http://cazals.fr/strategie-ocean-bleu-de-la-wii/>

Déméter și Kotler. (2012) *Océan bleu et océan rouge*. [Online]. [Accesat la 23 mai 2014]. Disponibil la: < http://demete-retkotler.com/2012/07/11/ocean-bleu-ocean-rouge/>

Site-ul web al *INSEAD Blue Ocean Strategy Institute*. http://www.insead.edu/blueoceanstrategyinstitute/home/index.cfm

Kim, W. C. și Mauborgne, R. (2015) *Blue Ocean Strategy: How to Create Uncontested Market Space and Make the Competition Irrelevant (Cum să creezi un spațiu de piață necontestat și să faci concurența irelevantă)*. Brighton, Massachusetts: Harvard Business Publishing.

Kotler, P. și Keller, K. L. (2015) *Marketing Management*. Harlow, Essex: Pearson Education Limited.

Roland, O. (2010) Stratégie Océan Bleu. *Des Livres pour changer la vie*. [Online]. [Accesat la 23 mai 2014]. Disponibil la: < http://www.des-livres-pour-changer-de-vie.fr/strategie-ocean-bleu/>

Sarazin, B. (2013) Pourquoi la méthode Blue Ocean ne suffit pas. *Le blog de l'innovation de rupture.* [Online]. [Accesat la 23 mai 2014]. Disponibil la: < http://benoit-sarazin.com/francais/2013/10/methode-blue-ocean-suffit-pas.html>

Tabatoni, P. (2005) *Innovation, désordre, progrès.* Paris: Economica.

Timos, L., Ghoggal, M. și Poubady, B. (fără dată) Analyse stratégique marketing: Nintendo Wii. *Laurent Timos.* [Online]. [Accesat la 23 mai 2014]. Disponibil la: < http://www.laurent-timos.esy.es/mes-projets/dut-src/>

Vrem să auzim de la tine!
Lasă un comentariu despre biblioteca ta online
şi împărtăşeşte cărţile tale preferate pe reţelele de socializare!

Editorul asigură fiabilitatea informaţiilor publicate,
care nu ar putea însă angaja răspunderea sa.

Master ISBN: 9782808600811
Hârtie ISBN: 9782808602266
Depozit legal: D/2022/12603/227

Design digital: Primento,
partenerul digital al editurilor.